EU AMO VOCÊ!

De: _____

Para: _____

EU AMO VOCÊ!

Véronique Brönte

Jardim dos Livros

Título Original: Eu amo você!
Copyright ©
Licença Editorial para Jardim dos Livros Ltda.

Todos os direitos autorais reservados e protegidos pela Lei 9.610, de 19.02.1998.
É proibida a reprodução total ou parcial sem a expressa anuência da editora.

Editor
Claudio Varela

Diretor Executivo
Ado Varela

Revisão
Ana Paula Pessoa

Diagramação e Projeto Gráfico
Vanderlucio Vieira

Imagens
ShutterStock

CIP-BRASIL. CATALOGAÇÃO-NA-FONTE
SINDICATO NACIONAL DOS EDITORES DE LIVROS, RJ

B887e

    Brönte, Véronique
        Eu amo você! / Véronique Brönte. – São Paulo : Jardim dos Livros,
2008.

    ISBN 978-85-60018-16-1
    1. Técnicas de auto-ajuda. I. Título.

08-1867.   CDD: 158.1
                CDU: 159.947
14.05.08 15.05.08   006613

Impresso no Brasil
Belo Horizonte – 1ª edição – junho / 2008

Nota do autor

Procurei selecionar mensagens que expressem a magia e a beleza do amor.

Uma das grandes lições que você encontrará neste livro, é a importância de dizer "Eu amo você", para quem realmente merece ouvir. Não sabemos por quanto tempo estaremos ao lado de quem amamos. Portanto, faça desta frase um hábito.

Outro aspecto interessante desse livro é que você descobrirá, maneiras de como dizer "Eu te amo", em diversos idiomas.

Após a leitura desta obra, diga em alto e bom som "Eu amo você".

Ame muito e sempre!

As sem razões do amor

Eu te amo porque te amo.
Não precisas ser amante,
e nem sempre sabes sê-lo.
Eu te amo porque te amo.
Amor é estado de graça
e com amor não se paga.

Amor é dado de graça,
é semeado no vento,
na cachoeira, no elipse.
Amor foge a dicionários
e a regulamentos vários.

Eu te amo porque não amo
bastante ou demais a mim.
Porque amor não se troca,
não se conjuga nem se ama.
Porque amor é amor a nada,
feliz e forte em si mesmo.

Amor é primo da morte,
e da morte vencedor,
por mais que o matem (e matam)
a cada instante de amor.

CARLOS DRUMMOND DE ANDRADE

Eu te amo

Eu te amo - Português (Eu te amo)

Nenhum amor é completo sem doação. Amar é dar o melhor de si mesmo ao outro. É como se comprássemos o objeto que mais desejamos na vida para darmos de presente à pessoa amada. Amar é doar pensamentos, sentimentos, corpo e alma sem pensar em receber o mesmo em troca.

Amo-te

Eu te amo - Português - Portugal (Amo-te)

O companheirismo faz parte do amor. Sem ele, como resistir às lutas, ao sofrimento, às lágrimas...? Mas companheirismo não é só para as horas tristes. É para as alegres também. O amor companheiro festeja, planeja, decide e comemora. O amor companheiro resiste a tudo e a todos.

Yes kez sirumen

Eu te amo - Armênio (Yes kez sirumen)

O amor nos dá força. Por causa dele enfrentamos ventos, tempestades, perigos, lutas... O amor nos dá coragem para descer abismos e vigor para arrancarmos árvores do chão. Por ele somos capazes de seguir por um rio sobre uma simples canoa em direção ao horizonte.

Kocham ciebie

Eu te amo - Polonês (Kocham ciebie)

Amar é um exercício de paciência, persistência e criatividade. Quem ama aprende a conviver com a expectativa de ter a pessoa amada. O amor precisa desse preparo de alma para chegar e se instalar, vitorioso, no coração.

Taim i'ngra leat

Eu te amo - Irlandês (Taim i' ngra leat)

O amor não possui medida. Não é possível quantificá-lo nem sequer entendê-lo. Mas nenhuma lei diz que é proibido senti-lo.

Volim te

Eu te amo - Croata (Volim te)

A atração que o amor exerce sobre nós dificilmente encontra resistência que o supere, principalmente se o desejo for intenso. Por mais que o mundo dite suas regras e os deuses do Olimpo imponham seus castigos, o amor sempre encontra um jeitinho de driblar as objeções e manter os amantes unidos.

Ha eh bak

Eu te amo - Tunísio (Ha eh bak)

O sorriso é a manifestação dos lábios quando os olhos encontram o que o coração procura. Sorria para quem você ama.

Te amo

Eu te amo - Espanhol (Te amo)

Os olhos do amor enxergam muito além do que podemos e queremos ver. E quantas coisas eles vêem que nós sequer percebemos. É bom ficarmos atentos quando a implicância que temos por alguém tornar-se algo incômodo. Pode ser amor!

Jeg elsker dig

Eu te amo - Dinamarquês (Jeg elsker dig)

A confiança é um dos pilares do amor. Ela é nutrida pela lealdade, transparência e segurança entre dois corações.

Ik hou van jo

Eu te amo - Holandês (Ik hou van jo)

Só mesmo o poder do amor para vencer o ódio e a indiferença, pois só ele dá inesperadamente muito mais do que foi pedido. Amar é querer estar junto em um momento chamado SEMPRE.

Wo ai ni

Eu te amo - Chinês do Mandarim (Wo ai ni)

O amor é capaz de suportar qualquer humor. Sua superioridade é capaz de relevar pequenas falhas do ser amado. Ele nos faz mais tolerantes.

Jeg elsker deg

Eu te amo - Norueguês (Jeg elsker deg)

O amor faz com que o tempo se torne precioso. Se nós vivêssemos para sempre, não teríamos nada a oferecer àquele que amamos. O tempo é a moeda do amor.

Mahal kita

Eu te amo - Filipino (Mahal kita)

O amor nos faz buscar nossa própria evolução. Tentam nos melhorar em todos os aspectos de nossa vida quando esse sentimento invade nosso mundo, com o único objetivo de oferecer o nosso melhor para quem amamos.

Aishiteru

Eu te amo - Japonês (Aishiteru)

Batalhar junto é uma das maiores provas de amor. Quando estamos unidos amorosamente nas batalhas, elas ficam mais fáceis de serem vencidas e os ferimentos próprios das lutas acirradas tornam-se menos doloridos.

Je t'aime

Eu te amo - Francês (Je t'aime)

O ciúme é o sentimento que mais atormenta a alma humana. Para ser feliz com a pessoa que ama é preciso saber dosá-lo. Na medida certa, o ciúme serve para aquecer dois corações e dar uma apimentada na relação.

Saya cinta padamu

Eu te amo - Indonésio (Saya cinta padamu)

Até mesmo um desentendimento entre um casal que se ama pode se transformar em momentos inesquecíveis e de entrega absoluta através da reconciliação.

Miluji te

Eu te amo - Tcheco (Miluji te)

amor em sua plenitude se conhece somente através da amizade, transparência e veracidade entre duas almas que se completam.

Ich liebe dich

Eu te amo - Alemão (Ich liebe dich)

As lembranças de um amor nunca desaparecem. Uma simples recordação de um amor vivido é capaz de permanecer na memória e pode ser tão arrebatador quanto era o próprio amor. Elas ficam guardadas na alma.

Seni seviyrum

Eu te amo - Turco (Seni seviyorum)

O amor é sorrateiro, arrebata e ataca sem aviso. Quando escravos deste sentimento deixa-nos prontos para satisfazê-lo. Esta é a melhor forma de servir.

Bahibak

Eu te amo - Libanês (Bahibak)

O amor nos prega surpresas, como se instalar no coração de quem acha que nunca vai se apaixonar, ou colocar frente a frente duas pessoas que, aparentemente, não têm nada em comum. É isto que faz do amor algo incrível. Para ele nada é impossível.

Obicham te

Eu te amo - Búlgaro (Obicham te)

Um coração apaixonado tem raiz na persistência e seus ramos não descansam enquanto não se unem ao ser amado. Todo esforço e dedicação são válidos para ter em seus braços a pessoa que ama.

Ti amo

Eu te amo - Italiano (Ti amo)

Surpreender a pessoa amada com pequenas atitudes ou presenteá-la sem nenhuma razão especial, é uma maneira de declarar o quanto você a ama. Aquele que espera grandes ocasiões para demonstrar seu carinho não está preparado para o amor.

Doo-set daaram

Eu te amo - Persa (Doo-set daaram)

O amor é brincalhão. A ousadia e a coragem fazem dele um sentimento que pode fluir para o coração de duas pessoas a partir de uma flechada de um menino travesso que não escolhe com quem brincar: o cupido.

T'estimo

Eu te amo - Catalão (T'estimo)

Se existe um sentimento para o qual o amor não dá a mínima é o preconceito. Quando duas pessoas se amam de verdade não existe nenhuma diferença imposta pela sociedade capaz de afastá-las. E depois de nocautear o preconceito, o amor se fortalece de forma sublime.

Che ro jay hu

Eu te amo - Guarani (Che ro jay hu)

Bendito seja o desassossego da alma chamado saudade. Graças à ela quase podemos sentir a presença da pessoa amada em pequenos detalhes, como uma canção marcante ou um lugar capaz de resgatar a doce lembrança de um grande amor.

Afgreki

Eu te amo - Etíope (Afgreki)

O destino tem o poder de unir e separar pessoas que se amam, mas não de permitir que esqueçamos de alguém que por um instante nos fizeram felizes.

S'ayapo

Eu te amo - Grego (S'ayapo)

Existem segredos do coração que não admitimos nem para nós mesmos. Desejar e amar alguém que por alguma razão não podemos ter é um deles. O amor quando é platônico se alimenta da esperança de ter a pessoa amada. Ele conforta e dá sentido à vida daquele que acredita que um dia será feliz.

Nere maitea

Eu te amo - Basco (Nere maitea)

O amor nasce do desejo de fazer eterno o que a princípio, é passageiro.

Eg elska thig

Eu te amo - Islandês (Eg elska thig)

O amor exige presença constante ou corre-se o risco de vê-lo esfriar. De nada adianta plantar sem regar. De nada adianta seduzir e abandonar. O amor tem que ser cultivado e tornar-se presente – seja através de um telefonema, um e-mail ou até mesmo um bilhete colocado nas coisas de quem ama.

Ana moajaba bik

Eu te amo - Marroquino (Ana moajaba bik)

Amar alguém é recusar a aceitar a sua caricatura. Tirar todas as máscaras é a condição para que apareça a verdadeira face humana e seja desfrutado um amor sincero.

Ya tebe kahayu

Eu te amo - Ucraniano (Ya tebe kahayu)

Mesmo não colhendo os frutos, valorize a beleza das flores. Quando não conseguir ver as flores, descanse à sombra da folhas. O mesmo acontece no amor. Sempre existirão detalhes para serem valorizados na pessoa amada.

Te dua

Eu te amo - Albanês (Te dua)

O verdadeiro amor não espera nada em troca. Faz sacrifícios sem esperar reciprocidade, se doa sem qualquer cobrança. Ele é espontâneo, se dedica sem medir esforços e deseja apenas completar o ser amado.

Kulo tresno

Eu te amo - Javanês (Kulo tresno)

O amor percorre um infinito caminho de situações, onde nada encontrado em seu trajeto lhe parece pequeno. Todos os detalhes são de extrema importância e mais ainda quando deixamos o ser amado conhecê-los e desfrutá-los.

Ek is lief vir jou

Eu te amo - Africano (Ek is lief vir jou)

Lembre-se de que o amor não é perfeito. Ele tropeça, desliza, cai, e nem sempre está espirituoso. Amar verdadeiramente é enxergar os defeitos e não julgá-los. Apenas aceitá-los pelo simples fato de estar amando.

Ngo oi ney

Eu te amo - Cantonês (Ngo oi ney)

Dedicação e amor andam de mãos dadas. Quando amamos, nosso instinto de cuidar e proteger é involuntário. Da mesma forma, quando nos sentimos amados, nos deixamos cuidar sem restrições.

Jag alskar dig

Eu te amo - Sueco (Jag alskar dig)

O amor é a escola dos corações. Nele se aprende a suportar a dor, a crescer, a enfrentar a incerteza do amanhã e a confortar a pessoa amada.

I love you

Eu te amo - Inglês (I love you)

O amor é o único sentimento que nos faz sorrir para o nada, achar lindo o que é desprovido de beleza, suspirar a todo instante sem mesmo perceber, atrair a felicidade, pois é fácil ser feliz quando se ama...e sentir uma louca vontade de gritar para o mundo: estou amando!

Escreva aqui uma mensagem de amor!

Para saber mais sobre títulos e
autores visite nosso site:

www.jardimdoslivros.com.br